Buen Camino

-

meine Erlebnisse auf dem Jakobsweg

Ein Erfahrungsbericht
von
Marta Bro

Bibliografische Information der Deutschen Nationalbibliothek:
Die Deutsche Nationalbibliothek verzeichnet diese Publikation in
der Deutschen Nationalbibliografie; detaillierte bibliografische
Daten sind im Internet über http://dnb.dnb.de abrufbar.

© 2018 Marta Bro
Herstellung und Verlag:
BoD – Books on Demand, Norderstedt
Alle Rechte vorbehalten
Lektorat: Manuel Deinert
Fotos: Gena Melendrez (shutterstock.com)
Satz: Manuel Deinert

ISBN 9783752810011

Was immer du tun kannst

oder träumst, tun zu können,

fang damit an!

Mut hat Genie, Kraft

und Zauber in sich.

(Goethe)

Prolog

Und schließlich kam der Tag, als mich meine Enkelkinder nicht mehr brauchten. Sie waren selbstständig, in ihrer Sprache: cool geworden. Die Jahre als Vollzeit-Oma waren somit vorbei. Kein Aufpassen mehr, kein Taxidienst, keine Übernachtungen. Kein Kümmern und Sorgen und Bekochen und Pflegen. Nichts. Plötzlich hatte ich Zeit für mich. Und die wollte ich nutzen!

Ich erstellte mir eine Wunschliste mit Dingen, die ich gerne machen wollte. An erster Stelle stand der Jakobsweg. Das Buch von Hape Kerkeling hatte ich bereits mehrfach gelesen. Es begeisterte und inspirierte mich. Allerdings war Hape 36, als er den Weg ging. Ich würde 64 sein ... Zweifel kamen. Würde ich das schaffen?

In einem Gespräch mit meiner Freundin Tilli stellte sich heraus, dass der Jakobsweg auch auf ihrer Liste ganz oben stand.

Uns war klar, dass wir weder die Jüngsten, noch die Fittesten waren, und keinesfalls den ganzen Weg gehen konnten. Doch wir wussten auch, die letzten 100 Kilometer reichen, um etwas von Galicien zu sehen und die begehrte Urkunde, die Compostela, zu bekommen. Der Entschluss war gefasst!

Jetzt ging es in die Planungsphase über. Wir brauchten nicht nur neue Wanderschuhe, Blasenpflaster und Rucksäcke, nein, es musste auch ein gemeinsamer Termin gefunden werden. Tilli stand noch im Arbeitsverhältnis und auch ich hatte noch manch Termin vor der Nase.

Hapes Buch inspirierte uns – ein anderes war uns ein treuer Begleiter und Ratgeber: das gelbe Paderborner Pilgerheft, herausgegeben vom Freundeskreis der Jakobspilger Paderborn.

Zahlreiche Tipps darin halfen uns bei der Wahl der Unterkünfte und den Vorbereitungen. Wir lernten die Herbergsregeln kennen und erfuhren, was in unsere neuen Rucksäcke gehörte. Tilli und ich brauchten zwar noch einige Telefonate, um uns abzustimmen, aber letztendlich schafften wir es, den Rucksack auf die wichtigsten neun Kilogramm zu reduzieren.

Wir wollten uns Zeit lassen beim Wandern, den Alltag hinter uns lassen, die Landschaft genießen, Ruhe finden, abschalten – und zu uns selbst finden. Etwas, wozu uns die vergangenen Jahre keine Gelegenheit gegeben hatten. Daher wählten wir bewusst kurze Etappen.

Unser Weg sollte von Sarria bis Santiago de Compostela führen. Knapp 110 Kilometer.

Nach einem Jahr der Planung war es dann soweit: der Flug war gebucht, der Rucksack gepackt. Jetzt hieß es für uns: buen camino!

1. Reisetag

Sechs Uhr morgens. Ich lag noch in meinem gemütlichen Wasserbett und ließ den Blick durch den Raum schweifen. Der alte Kleiderschrank, die Kommode, die Bäume vor dem Fenster – alles vertraut und an seinem Platz. Dann richtete sich meine Aufmerksamkeit auf den großen Deuter-Rucksack, an dem meine Jakobsmuschel hing, und der vollgestopft in der Ecke stand. Er erinnerte mich daran, dass bald nichts mehr vertraut sein würde – Tilli und ich würden auf neuen Wegen fern der Heimat reisen. Immer der Muschel und dem gelben Pfeil folgend.

Ich freute mich, auch wenn ich Blasen und Wadenkrämpfe fürchtete und mich mit dem schweren Rucksack in der Sonne schwitzen sah. Es würde anstrengend werden, oh ja, und wunderschön!

Doch erstmal hieß es aufstehen und

mit meinen Liebsten gemütlich früh-
stücken. Immerhin war dies ein ganz
besonderer Tag. Nicht nur, weil mein
Geburtstag war, sondern vielmehr, weil
heute DER Tag war.

Schon klingelte es an der Haustür
und herein trat meine Familie: meine
Mutter, Schwester, Kinder und Enkelkinder – und direkt war das Haus erfüllt
von Stimmen, Trubel und guter Laune.

Als wir beim Frühstück saßen, merkte
mein Schwiegersohn an: »Es ist mutig
von euch, den Weg zu gehen. Aber
sobald ihr merkt, dass es nicht mehr
geht, dass ihr Schwierigkeiten bekommt,
kehrt ihr sofort wieder zurück, ohne jede
Scham!«

Beruhigend antwortete ich ihm: »Ja,
wir sind Mitte sechzig, aber ich habe
gelesen, dass nicht wenig ältere Menschen den Weg bereits gegangen sind.
Doch es ist lieb, dass du dich sorgst und
danke für deine Anerkennung! Es macht
mir Mut, zu wissen, dass ich jederzeit
zurückkehren kann ohne ausgelacht und

verspottet zu werden.«

Einige meiner Lieben lächelten mir ermutigend zu, andere machten eine besorgte Miene.

Erneut klingelte es – das musste Tilli sein! Euphorisch eilte ich zur Tür und öffnete ihr.

Sie kam regelrecht mit ihrem Mann hereingestürmt. »Glückwunsch, meine Liebe!«, rief sie freudig und begrüßte meine Familie.

Sie setzten sich an den Tisch und ich bot ihnen einen Kaffee an. Tilli lehnte höflich ab. »Hach, ich bin vor lauter Aufregung seit Stunden wach und seitdem trinke ich ununterbrochen Kaffee.«

»So, Mama!«, begann meine älteste Tochter, »es ist Zeit, dir dein Geschenk zu geben! Das ist von uns allen!«

Sie überreichte mir ein kleines, liebevoll verschnürtes Päckchen. Ich wickelte es aus und war überrascht: ein IPhone!

»Aber ich kann doch gar nicht damit umgehen«, entgegnete ich .

»Kein Problem!«, erwiderte mein

Sohn, setzte sich neben mich und erklärte mir, wie man telefoniert und Nachrichten versendet.

»Siehst du, Mama? Es ist ganz einfach!«, beendete er die Einführung. »Und sobald ihr in der Herberge angekommen seid, schreibst du uns eine Nachricht, damit wir alle beruhigt sind.«

Ich fühlte mich noch ein wenig unsicher, was die Bedienung des Handys betraf, doch ich nickte. »In Ordnung, das mache ich! Vielen lieben Dank, dass ihr heute alle gekommen seid. Ich weiß es zu schätzen, dass ihr euch so um mich sorgt. Ich habe euch alle sehr lieb und wenn ich wiederkomme, könnt ihr stolz auf mich sein, denn ich wage es und erfülle mir meinen Traum!«

Durchströmt von Tatendrang und Euphorie, lächelte ich breit von einem Ohr zum anderen.

Nach dem gemütlichen Frühstück mit meinen Lieben brachten uns mein Sohn und meine Schwiegertochter zum Flughafen.

Dort angekommen, tranken wir noch ein kühles Getränk. Als sich mein Sohn und meine Schwiegertochter verabschiedeten, wäre ich ihnen am liebsten hinterhergelaufen. Plötzlich verließ mich doch der Mut! Zu gern hätte ich einen Rückzieher gemacht, wäre zurück nach Hause gefahren und hätte mich in meinen Lieblingssessel gesetzt, ein Buch gelesen und von fernen Abenteuern geträumt. Doch nun begann mein eigenes!

Ein Aufschrei Tillis riss mich aus meinen Gedanken. »Oh mein Gott!«, quietschte sie entsetzt, »der Reißverschluss meiner Hose ist gerissen! Da habe ich so viel Geld dafür hingelegt und dann passiert so etwas! Und ich bin noch nicht einmal in Spanien!«

Ich versuchte sie zu beruhigen. »Das ist kein Weltuntergang, Tilli. Binde erstmal deine Jacke um deine Hüften, damit man nichts sieht. Sobald wir Zeit haben, nähen wir das. Ich habe Nähnadel und Faden im Rucksack.«

Sie nickte mir zu und wir machten

uns auf die Suche nach unserem Gate.

Am späten Nachmittag hoben wir ab. Im Flugzeug fragte Tilli mich: »Der Faden, den du eingepackt hast, ist nicht zufällig grau wie meine Hose, oder?«

Ich schmunzelte. »Leider nicht, Tilli. Er ist schwarz. Wir nähen jetzt wohl vierzehn Tage lang in schwarz. Nächstes Mal packe ich aber einen zweiten Faden ein.«

Gut gelaunt landeten wir in Santiago und holten unsere Rucksäcke vom Band, über die wir zum Schutz blaue Säcke gestülpt hatten.

Nachdem wir die Rucksäcke befreit hatten, eilte Tilli zur Toilette, um ihren Hosenriss zu nähen. Währenddessen suchte ich mir eine Bank, um mich aus-zuruhen – ich war schon total geschafft, obwohl ich noch keinen einzigen Kilo-meter gelaufen war. Der Abschied von den Kindern war doch sehr emotional gewesen.

Vor dem Flughafen stießen wir auf die erste Hürde. Unser Taxifahrer verstand weder Deutsch noch Englisch! Also hielten wir ihm unser gelbes Paderborner Heft vor die Nase.

Er betrachtete das Heft und nickte: »Si Si!«

Und siehe da, es funktionierte, er brachte uns zur Herberge. Genauso hatten wir uns das vorgestellt!

Unser Zimmer war klein. Sehr klein sogar. Ein Schritt genügte und wir standen in der Dusche!

»Wenigstens müssen wir uns die Dusche mit niemandem teilen«, lachte Tilli.

»Oh ja«, seufzte ich und dachte an die bevorstehenden Unterkünfte, in denen es meist Schlafsäle und Gemeinschaftsduschen gab.

Nachdem wir uns frisch gemacht und eine Nachricht nach Hause geschickt hatten, gingen wir hinaus in den warmen Abend. Unsere Casa lag zwischen einem kleinen mediterranen Lokal und der wunderschönen Catedral de Santiago de Compostela.

Die mittelalterliche Stadt mit ihren Natursteinmauern und alten Gebäuden war hübsch und wir gerieten direkt in Verzückung über die beeindruckende Kathedrale und die schmalen Gassen. Mathilde ging schnurstracks auf die Kathedrale zu, doch ich hielt sie sanft am Ärmel fest und sah sie eindringlich an. »Du weißt, was wir uns vorgenommen haben, oder Tilli?«

»Ja«, pflichtete sie mir bei, »erst pilgern, dann in die Kathedrale.« Sie seufzte. »Aber ich bin so neugierig! Lass uns nur einmal ganz kurz reinschauen!«

Sie stürmte los, doch als sie sich den wunderschönen, alten Stufen näherte, kam ein Priester aus der Kathedrale und verriegelte die Tür. Für heute wurden keine Touristen mehr hineingelassen.

Verdutzt blieb Tilli stehen und starrte die Tür an, dann brachen wir beide in schallendes Gelächter aus.

„Siehst du", sagte ich. „Auch Gott möchte, dass wir uns den Besuch verdienen."

Also bestaunten wir die Kathedrale von außen und suchten ein kleines Lokal auf. Ich wollte Tilli zum Essen einladen, um meinen Geburtstag schön ausklingen zu lassen. Wir bestellten uns Salat und für die Tischmitte eine Platte Serrano-Schinken, Brot und dazu noch eine Flasche Rotwein. Anschließend spazierten wir entspannt zur Casa zurück.

Wir freuten uns auf unser gemütliches Bett. Und in der Tat schliefen wir in dieser ersten Nacht fern von Zuhause sehr gut. Wahrscheinlich trug die Flasche Rotwein erheblich dazu bei.

2. Reisetag

Tilli, die bedeutend besser Englisch sprach als ich, fragte am Morgen den jungen Mann an der Rezeption, ob wir auch ein Frühstück bekämen. Er nickte und deutete auf eine Tischgruppe. Wir setzten uns und kurz darauf servierte er uns je zwei Scheiben Toast, Butter, Marmelade, Orangensaft und Café con Leche. Wir bedankten uns und baten ihn, uns in einer halben Stunde ein Taxi zu rufen.

Der Taxifahrer setzte uns am Flughafen ab und wünschte uns einen guten Flug. Er dachte wohl, wir flögen zurück in die Heimat, dabei stand unsere Reise erst bevor: vom Flughafen aus mit dem Bus nach Sarria, und von dort zu Fuß nach Santiago.

Am Flughafen tauchten dann endlich die ersten Touristen und Pilger auf. Fünf stiegen mit uns in den Bus, während die Rucksäcke verstaut wurden. Sie hatten wohl dieselbe Idee wie wir.

Wir fuhren durch viele Städte, die wir in den nächsten Tagen erwandern würden. Ich fand es praktisch, denn so konnten wir uns ein Bild davon machen, was uns erwartete. Ein mulmiges Gefühl machte uns der Anblick der erschöpften Pilger – auch das würde uns erwarten.

In Sarria angekommen, fragten wir einen freundlichen Spanier nach dem Weg zur Casa, die ebenfalls ein Tipp aus dem gelben Paderborner Heft war. Wir verständigten uns mit Händen und Füßen, mit ein bisschen Deutsch und Bruchstücken Englisch. Der nette Mann verstand unser Kauderwelsch und am frühen Nachmittag erreichten wir unsere Herberge.

Im Restaurant, das sich unter unserer Unterkunft befand, saßen die Besitzer gerade beim Mittagessen – die ganze Familie. Wir fragten nach einem Zimmer und überschwänglich kam uns die Antwort entgegen: »Si Si!«

Der Chef rückte uns an einem Tisch

zwei Stühle zurecht und reichte uns eine Speisekarte.

»Hunger haben wir immer«, lachten wir und bestellten uns das Pilgermenü.

Nach dem Essen setzten sich zwei Frauen zu uns: die Besitzerin und ihre Mutter. Wir begannen uns zu unterhalten, wieder auf die gleiche Weise, mit Händen und Füßen, was amüsant, doch nach zwei Stunden sehr anstrengend wurde. Uns rauchte bereits der Kopf, als der Mann kam und uns den Zimmerschlüssel auf den Tisch legte. Bestimmt wollte er seine Siesta halten.

Wir stellten unsere Rucksäcke im Zimmer ab und gingen direkt wieder nach draußen, um uns die Umgebung anzusehen. Die Luft war heiß und trocken und erfüllt vom Duft nach Paprika, Tomaten und Chilli.

In Sarria sahen wir auch unseren ersten Kilometerstein, verziert mit der Jakobsmuschel und dem gelben Pfeil. Die beiden Symbole würden uns die nächsten Tage begleiten.

3. Reisetag

Am nächsten Morgen ging das Abenteuer dann endlich richtig los! Nun waren wir Peregrinas – Pilger auf dem Weg nach Santiago.

Beladen mit unseren neun Kilogramm schweren Rucksäcken, und einem Bündel voller Wünsche und Hoffnungen, marschierten wir durch Sarrias Altstadt, vorbei am Burgturm und den Klostergebäuden. Es war herrlich und unglaublich aufregend. Und kurz darauf unglaublich anstrengend: es ging nämlich die ganze Zeit bergauf! Ein junger Mann überholte uns und sprach uns auf Englisch Mut zu: »That's good! Keep on going! I know, it's really exhausting!«

Nachdem wir – gemeinsam mit etlichen anderen, sich abmühenden Pilgern – die steile Bergetappe überwunden hatten, wurden wir mit einem herrlichen Blick auf Sarria belohnt.

In Barbadelo, am Kilometerstein

107,5, gönnten wir uns eine kleine Pause. Wir tranken etwas und ruhten unsere müden Beine aus.

Doch es nützte wenig. Als wir wieder aufbrachen, ging es genauso anstrengend weiter. Immer bergauf und bergab, bergauf und bergab – zu unserem Bedauern leider viel mehr bergauf.

Als wir durch Rente gingen, merkte Tilli an: »Hier hat doch der Hape Kerkeling übernachtet.«

Wir brauchten dringend eine Pause! Und was für den Hape gut war, sollte uns auf jeden Fall genügen.

Auf Nachfrage erklärten uns zwei andere Pilger, dass in etwa zwei Kilometern eine Herberge liege, die sehr schön und neu eröffnet worden sei. Wir nahmen noch einmal unsere ganze Kraft zusammen und wanderten weiter.

Aus den beschrieben zwei Kilometern wurden dann leider vier, aber wir schafften es! Vor uns lag ein traumhaftes Anwesen mit einem großen Teich davor. Ein Teich mit tausenden

Fröschen, die ein unglaubliches Konzert veranstalteten.

Schüchtern gingen wir auf das aus Natursteinen gebaute Haus zu. Niemand war zu sehen. Doch auf einmal kam ein kleiner Golden-Retriever aus der Scheune bellend auf uns zugelaufen, dicht gefolgt von seinem Frauchen, einer jungen Frau, die uns freundlich in Empfang nahm.

Wir fragten sie nach einem freien Bett, woraufhin sie uns berichtete, dass wir die ersten Peregrinas seien und deutete an, ihr zu folgen. Sie zeigte uns den Schlafsaal und die Duschen.

Die Unterkunft war wirklich sehr schön und nur zu empfehlen, allerdings gab es tatsächlich nur den Schlafsaal und keine Zweibettzimmer.

Jedoch hatten wir das Glück, dass wir allein dort waren. Wir fragten uns nur, für wie lange.

Tilli runzelte besorgt die Stirn. »Hoffentlich werden nicht alle vierzehn Stockbetten belegt!«

Nachdem wir unsere Rucksäcke auf die Betten gelegt hatten, zeigte uns die junge Frau die Küche, in der es ein großes Sortiment an Tütengerichten gab. Wir bedankten uns und kochten uns aus ihrem Vorrat eine Suppe. Das sollte uns als Mittagessen genügen. Für das Abendbrot planten wir, Nudeln mit Eiern zu machen, die es auch in der Küche gab.

Nach dem Essen setzen wir uns an den Teich, um dem Froschkonzert zu lauschen. »So kann es weiter gehen«, seufzte Tilli zufrieden.

Es war wunderschön. Die Ruhe, die Stille – trotz des Gequakes. Oder gerade deswegen? Wir holten uns noch ein paar Stühle, um unsere geschundenen Füße hochzulegen. Dann schlossen wir die Augen und genossen den Moment.

Eine ganze Stunde lang gab keiner von uns auch nur einen Ton von sich. Zum Abend hin hörten wir Stimmen. Wir öffneten unsere Augen und sahen ein junges Paar auf uns zukommen.

Sie fragten uns: »Excuse me, is there a place to sleep for us?«

Tilli lachte: »Wenn Euch vierzehn Betten reichen!«

»Oh, ihr seid Deutsche!«, antwortete der Mann schmunzelnd.

»Ja, ich bin Marta und meine Freundin heißt Mathilde. Wir kommen aus Westfalen.«

»Wir aus Magdeburg«, entgegnete die Frau.

Nachdem sich die jungen Leute bei der Herbergsmutter gemeldet hatten, setzten sie sich zu uns und wir erzählten einander, was wir bis jetzt erlebt hatten. Der krasse Anstieg von Sarria herauf, die Hitze, die schöne Natur.

Gegen 21 Uhr gingen Tilli und ich duschen und versorgten unsere Füße. Neben dem Rucksack und der Motivation sind die Füße nämlich das Wichtigste beim Wandern. Daher cremten wir sie nach dem Waschen sorgfältig mit Hirschtalk ein.

Wir lagen bereits in unseren Schlafsäcken, als die beiden Magdeburger ebenfalls ihre Betten aufsuchten. Ich bot ihnen Ohrenstöpsel an, für den Fall, dass ich nachts schnarchte. Gern nahmen sie diese an.

Gegen Mitternacht wurden Tilli und ich plötzlich wach. Es hörte sich an, als würde der junge Mann gerade einen Wald umsägen. Nun brauchten wir Ohrenstöpsel!

4. Reisetag

Das Pärchen weckte uns am nächsten Morgen. Sie rollten gerade ihre Schlafsäcke zusammen und der Mann sagte: »Danke für die Ohrenstöpsel! Ihr habt wirklich unglaublich geschnarcht!«

Vollkommen schlaftrunken konnten wir darauf gar nicht antworten.

Das Frühstück blieb dürftig. Das Toast war ungenießbar und hart, also gab es nur einen Café con Leche. Als wir zurück in den Schlafsaal kamen, verabschiedeten sich die Magdeburger von uns. Sie hatten sich für den Tag 30 km vorgenommen!

Tilli und ich tauschten erstaunte Blicke aus und verabschiedeten die zwei mit einem »Buen Camino!«

Es hieß dann auch Abschied nehmen von der Besitzerin, der Herberge und ihrem süßen Hund. Wir gaben ihr den Tipp, für weiches Toastbrot zu sorgen und sie stempelte uns unsere Pilgerpässe.

Dann brachen wir auf von Marzan und es ging weiter über Lavandeira und Brea, nach Morgade.

Auf dem Weg dorthin befindet sich der uralte Kilometerstein 100. Wer es von dort bis Santiago schafft, erhält die Pilgerurkunde. So wir wir in wenigen Tagen!

An der Stelle war der Weg sehr schön und wir genossen die prächtige Landschaft. Tilli machte viele Bilder. Wir hatten es ja nicht eilig, der Weg war für uns das Ziel.

Einige Pilger überholten uns und wir schnappten in ihren Gesprächen auf, dass manche von ihnen bis zu 50 km am Tag liefen.

»Wenn wir so jung wären, würden wir das auch schaffen«, scherzten wir.

. Ein Pilger regte sich auf, dass wir nur die letzten 110 km liefen. Uns war das egal. Tilli meinte, dass müsse jeder mit sich selbst ausmachen. Ich gab ihr Recht.

Tilli war bergauf schneller als ich – ich dafür bergab. Wir hatten uns darauf geeinigt, auch mal alleine zu gehen, so lange wir uns nicht aus den Augen verloren. So konnten wir komplett abschalten, unseren Gedanken nachgehen, die Landschaft genießen … Das taten wir auch für eine Weile, bis wir in Morgade ankamen.

Nach den nächtlichen Erlebnissen vom Vorabend, entschlossen wir uns, von nun an bei Zweibettzimmern zu bleiben, wenn sich uns die Möglichkeit bot.

Die nächste Casa, war bereits sehr voll, doch wir hatten großes Glück und ergatterten das letzte Zweibettzimmer.

Tilli scherzte. »Wir sind hier auf dem Jakobsweg. Wir bestellen uns jetzt beim Universum nur noch Zweibettzimmer!«

Ich lachte. »Und das Ganze bitte mit eigener Dusche.«

Wir holten uns unsere Stempel ab und setzten uns in den kleinen, entzückenden Innenhof. Wir wunderten uns darü-

ber, dass wir einige Gesichter wieder-
erkannten. Da waren Leute, die wir in
Sarria getroffen, aber dann aus den
Augen verloren hatten, obwohl wir alle
den gleichen Weg gegangen waren, wie
die Frau aus Kalifornien, die mit ihrem
Bruder aus Chile reiste, und viele Pilger
aus Australien.

5. Reisetag

Der nächste Morgen führte uns durch eine hügelige, aber bezaubernde Landschaft. Über Trittsteine ging es durch Wiesen und Felder und manchmal sogar durch schmale Bäche.

Nach einer Weile rasteten wir in einer bezaubernden Bodega, einer kleinen Imbissstation. Das Essen war frisch und sehr appetitlich. Am Nebentisch saß eine ältere Dame mit zwei jüngeren Frauen und einem jungen Mann. Sie unterhielten sich, lachten viel und boten ein harmonisches Bild. Das weckte glückliche Gefühle in mir, aber auch einen Hauch Sehnsucht nach meiner Familie.

Als wir beschlossen, weiter zu laufen, hievte Tilli sich mit verzogenem Gesicht schwungvoll den schweren Rucksack auf den Rücken, woraufhin der junge Mann hilfsbereit aufsprang und Tilli mit ihrem Rucksack half. Er zeigte uns, wie man den Rucksack richtig heben sollte, um sich nicht zu verletzen, und verstellte noch ein paar Gurte für einen besseren Tragekomfort – und tatsächlich fühlte es sich viel besser an!

Dankbar verabschiedeten wir uns und wandten uns dem Kellner zu, um zu erfahren, wie weit es bis zum nächsten Hostel sei. Er versicherte uns, dass es nur noch zwei Kilometer zu laufen seien, doch was wir inzwischen feststellen mussten: wenn man die Spanier auf dem Jakobsweg fragt, wie weit es noch ist, sind es laut ihrer Aussage stets nur noch zwei Kilometer!

Wir marschierten also munter weiter. Auf dem Schild der ersten Herberge Albergue sahen wir zu unserem Bedauern die Anmerkung *geschlossen*. Also mussten wir weiter suchen.

Nach weiteren zwei Kilometern lag vor uns ein alter Bauernhof. Vor dem Eingang stand ein liebevoll gedeckter Tisch mit zwei großen Thermoskannen Kaffee, frischen Apfelsinen, Bananen,

Tomaten und vielen anderen Dingen darauf. Ein Schild verkündete, dass Pilger sich gern bedienen konnten.

Zwei Frauen mittleren Alters taten das auch und gingen weiter – ohne die Geldkassette zu beachten, mit der um eine kleine Spende für die reichlichen Gaben gebeten wurde.

»Der Tourist verlangt …«, seufzte Tilli.

»… der Pilger dankt«, vervollständigte ich den Satz kopfschüttelnd.

Wir nahmen uns einen Kaffee, setzten uns auf eine Bank und erspähten die ältere Dame, die wir bereits beim Mittagessen gesehen hatten. Sie holte sich ebenfalls eine Tasse Kaffee und setzte sich zu uns. Sie sprach Deutsch und erzählte uns, dass die drei jungen Leute, die am anderen Tisch saßen, ihre Kinder seien und, dass sie sich diese Reise zu ihrem 78. Geburtstag gewünscht hatte.

Tilli sprach die Dame auf ihren Akzent an und sie erklärte uns, dass sie zwanzig Jahre lang in Deutschland gelebt hatten, dann aber – ohne ihre jüngste Tochter – wieder zurück in ihre Heimat Kalifornien gezogen seien. Sie lachte und zuckte mit den Schultern: »Heim-weh!«

Als wir wieder aufbrechen wollten, nahmen wir uns noch ein paar Bananen und Apfelsinen als Proviant für den Weg mit und legten so viel Geld in die Kassette der Bäuerin, dass es auch für die beiden Pilgerinnen, die ohne zu bezahlen weitergegangen waren, reichte.

Mit einem freundlichen »Buen camino!« verabschiedeten wir uns von unserer netten Pilgerbekannten und wanderten weiter.

Nach einer Weile war ich am Ende meiner Kräfte. Vor uns lag ein großer Stausee und direkt daneben entdeckten wir das Ortseingangsschild von Portomarin.

Doch wir mussten noch eine Brücke überqueren und dann eine steile Treppe zur Stadt hinaufsteigen. Ich schnaufte und sprach verzweifelt zu mir selbst:

»Die schaffe ich nicht mehr!«

Ich wollte es Tilli mitteilen, aber sie machte Fotos von der Treppe, vom See und der Brücke, und bekam nichts mit. Plötzlich wurde mir schwummerig und ich musste mich am Brückengeländer festhalten. Alles drehte sich .

Ein älterer Mann, der sich in der Nähe mit zwei älteren Damen unterhalten hatte, kam auf mich zugelaufen. »Madame nicht gut?«, fragte er besorgt mit französischem Akzent.

Es wunderte mich, dass er mich direkt auf Deutsch ansprach. Konnte man mir ansehen, dass ich aus Deutschland kam?

Ich nickte.

»Komm«, sagte er und führte mich zu seinem Auto, einem großen, kühlen Bulli. Draußen waren es bestimmt 30 Grad! Der Mann versorgte mich mit kaltem Wasser, und da kamen die Damen angelaufen und setzten sich zu mir ins Auto.

Nun wurde auch Tilli aufmerksam. Panisch lief sie auf uns zu und rief besorgt: »Komm da raus! Der will uns nur abzocken!«

Ich schüttelte den Kopf und antwortete kraftlos: »Das ist mir im Moment egal! Er fährt uns hoch!«

Widerwillig stieg Tilli ein und wir fuhren los ... immer und immer weiter bergauf. Der Franzose war sehr hilfsbereit und fuhr uns zu drei Hostels, die leider alle belegt waren. In der dritten Unterkunft bot uns die Signora an, zu telefonieren. Sie sah unseren Retter an, der allmählich verzweifelte. Nach dem Anruf teilte sie uns freudig mit, dass in einem Hostel neben der Kirche noch Zimmer frei seien.

Alle waren erleichtert. Tilli wandte jedoch ein: »Oh Gott! Da werden wir morgen früh um sechs Uhr aus den Betten geläutet!«

Doch auch das war mir egal. Von mir aus hätten die Glocken auch direkt in unserem Zimmer hängen können!

Unser lieber Retter brachte uns zum vierten und letzten Hostel. Ich fragte

ihn zum Abschied, was er als Danke-
schön für seine Mühe und seine gute Tat
haben wolle. Er hätte von mir jede Sum-
me verlangen können! Wenn er nicht gewesen wäre, würde ich heute noch kraftlos auf der steilen Treppe festhängen.

Der Franzose lächelte mich an und
wünschte sich, dass wir für ihn beten,
wenn wir die Kathedrale in Santiago de
Compostela besuchten. Von dieser Gut-
mütigkeit war ich so gerührt, dass mir
die Tränen kamen. Unendlich dankbar
umarmte ich unseren barmherzigen
Helfer und überlegte, wie man wohl auf
Französisch „Danke" sagt. Da fiel mir
schlagartig diese Schokolade ein ...

»Merci«, lächelte ich und verabschiedete ich mich von ihm.

Auch Tilli war gerührt. Sie nannte ihn
unseren Engel.

Wir gingen auf unser Zimmer. Als ich
aus dem Fenster blickte, sah ich, dass
uns bloß zwei Wände und ein schmaler
Weg von der Kirche trennten. Das
würde wirklich laut werden!

Aber egal, nach diesem Abenteuer hatten wir großen Hunger und wollten nach einem Pilgermenü Ausschau halten. Wir verließen dafür das Hostel und stellten zu unserer Verwunderung fest, dass sich vor der Kirche eine lange Schlange Pilger gebildet hatte. Ganz offensichtlich stand eine Pilgermesse bevor! Wir beschlossen, uns dazu zu gesellen.

Der Priester sprach sowohl Spanisch als auch Englisch und sogar Deutsch. Die Messe war wunderschön und bewegend. Als wir zum Abendmahl gingen, wunderte ich mich darüber, dass der Priester genau so aussah wie der, der in Santiago die Kathedrale abgeschlossen hatte – entweder war es derselbe oder alle Priester auf dem Jakobsweg sahen sich sehr ähnlich.

Nach der Messe ließen wir unsere Pässe stempeln und traten auf die Straße. Es war bereits kühler und richtig angenehm geworden.

Wir schlenderten die Straße rauf und

runter, um genauestens alle Speisekarten zu studieren und entschieden uns für eins mit mehrsprachiger Karte und schönem Ambiente. Wir bestellten uns je ein großes Bier und eins der drei angebotene Pilgermenüs, das aus drei Gängen bestand. Es schmeckte fantastisch und war mit 10€ unglaublich günstig.

Zurück im Hostel fielen wir pappsatt und zufrieden ins Bett.

6. Reisetag

Nach unserem morgendlichen Ritual – Füße eincremen, Rucksack neu packen – saßen wir beim Frühstück und genossen unseren Café con Leche. Auf einmal sprang die Tür auf und unser rettender Engel vom Vortag kam mit seinen beiden Damen lachend und schwatzend herein. Er kam fröhlich auf uns zu und fragte fürsorglich: »Bonjour Madame, wieder gut?«

Ich nickte: »Alles gut! Und noch mal Merci, Merci!«

Er lächelte und erzählte uns, dass die beiden Damen aus Marseille stammten, genau wie er selbst, aber dass sie sich noch nie zuvor begegnet seien

Nach einem kurzen Gespräch verabschiedete er sich von uns mit einem freundlichen »Au Revoir«, und bestellte drei Café con Leche für sich und seine neuen Freundinnen aus Marseille. Anschließend verließen die drei lächelnd und winkend den Raum.

Ich frage Tilli, ob ihr am Vortag auch aufgefallen sei, dass der Priester, der die Pilgermesse gehalten hatte, genauso aussah wie der Priester in Santiago.

Sie lachte. »Vielleicht waren es Zwillinge?«

Weil der Vortag so anstrengend gewesen war, nahmen wir uns für diesen Tag nur 8,5 km vor. Bis nach Gonzar wollten wir es schaffen.

Und damit wir nicht wieder lange suchen mussten, bestellte uns der freundliche Kellner direkt ein Zweibettzimmer in Gonzar.

Als wir weiter auf dem Camino wanderten und Portomarin verließen, entdeckten wir plötzlich vor uns eine Gruppe, die uns doch sehr bekannt vorkam. Es war die 78jährige Dame mit ihren drei erwachsenen Kindern!

»Man begegnet sich doch immer wieder! Jetzt ist aber ein Foto fällig!«, sagte ich zu Tilli. »Ich finde es ohnehin tapfer von ihr, dass sie in ihrem Alter diese

Strecke zurücklegt!«

Wir stießen zu der Gruppe, begrüßten uns amüsiert und schossen unser Foto. Die ältere Dame erzählte uns, dass sie nach dem Jakobsweg noch zur Entspannung Strandurlaub in Barcelona machen wollten, bevor es dann zurück nach Kalifornien ging.

Wir zogen allein weiter. Das Wetter war wieder fantastisch! Sonnig und herrlich warm. Tilli litt an diesem Tag etwas unter Kreislaufproblemen und am linken Fuß brannten ihr drei Zehen.

»Die muss ich heute Abend aber besonders behandeln!«, klagte sie.

Als wir in Gonzar ankamen, stieß meine Freundin erleichtert aus: »Na, Gott sei Dank! Endlich sind wir angekommen! Heute macht mir die Wärme echt zu schaffen.«

Wir betraten die Casa, die genau so aussah, wie man sich ein spanisches Landhaus vorstellt. Sie hatte sogar diesen typischen Innenhof. Die Zimmer waren sauber, allerdings befanden sich die Duschen und das WC auf dem Flur.

Das erste Mal auf dieser Reise wuschen wir unsere Wäsche. Hinterm Haus hing eine beinahe endlos lange Wäscheleine. Scheinbar hatten bereits einige andere Pilger heute ihren Waschtag eingelegt, doch auf der langen Leine war genug Platz für unsere Wäsche. Tilli und ich hängten unsere Wäsche auf. Die Szene wirkte wie in einem Heimatfilm: Wir standen auf einer wunderschönen Blumenwiese und hängten Wäsche auf, Vögel zwitscherten und die Sonne lachte. Sonnenstrahlen kitzelten sanft unsere Gesichter …

Nach getaner Arbeit setzten wir uns mitten auf die Wiese und träumten vor uns hin.

Unser Abendessen in der Casa war frisch und äußerst lecker. Dazu bestellte ich mir ein großes Bier zur Belohnung.

»Ich werde hier noch zum Alkoholiker«, scherzte ich. »So viel wie in den letzten vier Tagen trinke ich sonst das ganze Jahr über nicht!«

»Das wirkt aber besser als jede Schlaf-tablette«, gluckste Tilli.

Nach dem Essen ging Tilli noch eine kleine Runde spazieren, um Fotos zu machen, während ich mich bereits zurückzog und meinen Rucksack packte – voll mit frischer, duftender Wäsche.

7. Reisetag

Der nächste Morgen verlief wie immer: spanisches Frühstück und dann los!

Wir wanderten aus Gonzar heraus … und ab da ging es stetig bergauf. An diesem Tag sollten wir noch viele Höhenmeter schaffen. Es war anstrengend, aber wir waren mittlerweile erprobt. Die Aussicht war die Anstrengung wert. Es bot sich ein fantastisches Panorama. Wir konnten bis zu den Bergen schauen, die aussahen wie gemalt.

Wir kehrten in eine Bodega in Ventas de Naron ein, aßen und ruhten uns aus. Tilli versorgte ihre geschundenen Zehen und wir beschlossen, dort zu bleiben. Das letzte Stück der Etappe war nämlich nur noch bergauf gegangen.

Der Ort war winzig. Vom Ortseingang bis zum Ortsausgang waren es wenige Meter, aber es sah aus wie im Bilderbuch – klein und schnuckelig. Beim Abendessen gab es für uns einen Salat und nette Gespräche mit anderen Pilgern.

8. Reisetag

Weil die Dusche dauerhaft belegt war, kamen wir am nächsten Morgen in Verzug. Für diesen Tag hatten wir uns eine größere Etappe vorgenommen. Doch nachdem es mit dem Duschen geklappt hatte, besorgten wir uns noch Wasser, Bananen und Äpfel und dann ging es los, über Logonde und O Porto nach Palas de Rei.

Tilli und ich waren mitten in ein Gespräch vertieft, als ein junges Mädchen strammen Schrittes mit einem freundlichen »Buen Camino!« an uns vorbeizog, gefolgt von einem großen Schäferhund-Mischling.

Ich lächelte: »Schau mal, Tilli! Ist das nicht niedlich? Sie geht den Weg mit ihrem Hund!«

Doch schlagartig blieb der Hund stehen und schaute uns sonderbar an. Die Situation war eigenartig und uns wurde ein bisschen mulmig zumute. Der

Hund war wirklich groß. Gehörte er etwa nicht zu dem Mädchen?

Offensichtlich nicht! Während das Mädchen bald in der Ferne verschwand, ging der Hund vor uns her. Gelegentlich blieb er stehen, als würde er auf uns warten. Das ging die nächsten vier Kilometer so weiter. Als wir in eine Bodega einkehrten, legte sich der Hund friedlich neben unsere Rucksäcke, als wollte er sagen: »Alles gut! Ich passe auf!« Das mulmige Gefühl verflog. Stattdessen wurde es mir warm ums Herz.

Wir bestellten uns ein Baguette Bocadillo mit Chorizo. Spätestens jetzt rechneten wir damit, dass der Hund um Essen betteln würde. Doch erstaunlicherweise tat er das nicht. Er schnüffelte nicht, er bellte nicht. Er lag einfach nur da und passte auf.

Ein Pilger, etwa Mitte 50, setzte sich an unseren Nebentisch und grüßte uns mit einem freundlichen »Bonjour!«, also ein Franzose! Er genoss einen Moment lang die Sonne, zeigte dann auf unser

Baguette und fragte uns auf Französisch, ob es gut sei. Gleichzeitig antworteten wir »Oui«, woraufhin er sich auch eins kaufte.

Nachdem wir unsere Baguettes gegessen hatten, sagte ich zu Tilli: »Laut Wanderführer kommen wir gleich durch ein Dorf, in dem es viele streunende Hunde geben soll. Sollen wir vielleicht den Mann fragen, ob wir dort gemeinsam durchwandern? Da wäre mir etwas wohler zu Mute.«

Tilli nickte: »Gute Idee! Darüber habe ich gar nicht nachgedacht!«

Mit Händen, Füßen und Bruchteilen in Französisch erklärten wir ihm unser Anliegen. Es dauerte eine Weile, bis wir uns verständigt hatten, doch zum Schluss begriff er und nickte »Oui!«

Wir zogen gemeinsam los. Der Hund schien sich offensichtlich über unseren neuen Begleiter zu freuen und ging bei ihm 'bei Fuß'.

In Kürze erreichten wir den Ortseingang. Der Mann ging strammen

Schrittes, doch als er bemerkte, dass wir Mühe hatten, hinterher zu kommen, drosselte er sein Tempo. Vor einem Haus stand eine uralte Bäuerin und schimpfte hinter uns her. »Companero!«

Der Hund ging weiter ruhig neben unserem Begleiter her, wir knapp dahinter. Auf einmal kam eine Meute wilder Hunde auf uns zugestürmt. Sie boten einen kläglichen, Mitleid erregenden Anblick, denn sie waren abgemagert bis auf die Knochen. Sie fletschten die Zähne, sprangen herum und bellten, was ziemlich furchteinflößend war.

Unser Hund blieb noch immer ruhig und trottete neben uns her. Seine einzige Reaktion auf die kläffende Meute war sein gesträubtes Nackenhaar. Auch unscrem Begleiter flößte die Situation Respekt ein und wir zogen alle das Tempo ein wenig an. Als wir das Ende des Dorfes erreichten, ließ die Horde von uns ab und zog sich zurück.

Erleichtert atmeten wir alle durch. Tilli und ich hatten hochrote Köpfe. Dem

Mann tropften Schweißperlen von der Stirn. Er schaute sich noch einmal um, vergewisserte sich, dass wir außer Gefahr waren und verabschiedete sich mit einem freundlichen »Buen Camino!«

Wir riefen ihm »Merci« hinterher und dann ging es auch für uns weiter.

Der Hund blieb bei uns und lies die Abstände zwischen uns immer kleiner werden. Vielleicht spürte er, dass wir nun keine Angst mehr vor ihm hatten. Er hatte Recht, wir freuten uns über seine Anwesenheit.

Als wir durch Wälder und Felder auf engen Pfaden wandern mussten, suchte er sogar Körperkontakt zu uns, als wollte er uns Mut machen. Ich dankte unserem kleinen Beschützer dafür, dass er so brav mit uns lief. Er kam noch ein Stück näher und ließ sich kurz von mir streicheln. Ich dachte: »Ja, wir haben jetzt einen Hund, ich werde meinem Mann das heute Abend mitteilen.«

Als wir aus den Wäldern traten, lag vor uns eine Schnellstraße. Wir erreichten einen Vorort von Palas de Rei. Eine Bodega zeigte uns mit Schildern an, dass wir dort unsere Pässe stempeln lassen konnten.

Wir stellten unsere Wanderstöcke zur Seite und sprachen zu unserem tierischen Begleiter: »Wir kommen gleich wieder.«

Wir betraten die Bodega und ich wollte meinen Pass aus dem Rucksack holen ... doch ich konnte ihn nicht finden. Immer nervöser werdend, kramte ich in meiner Tasche. Doch nichts! Ich geriet in Panik! Sollte alles umsonst gewesen sein? Wir waren bereits am Kilometerstein 69 angekommen. Ich fand die Hülle meines Passes, doch keine Spur vom Pass. Fluchend kramte ich weiter, was Tillis Aufmerksamkeit erregte.

Sie fragte mich, was los sei, und ich erklärte ihr die Situation. Sie zog ihren Pass hervor und ich seufzte erleichtert: Mein Pass steckte unter ihrem.

Nach diesem Schock musste ich mich setzen. Ich war total aufgelöst, den

Tränen nahe und unfassbar erleichtert, dass ich meinen Pass nicht verloren hatte. Sorgfältig steckte ich ihn ein. In Zukunft würde ich ihn wie einen Schatz hüten.

Nachdem wir uns unsere Stempel abgeholt hatten, brachen wir wieder auf. Wir nahmen unsere Wanderstöcke und wollten weiterziehen. Doch unser Hund war verschwunden. Wir suchten ihn in der näheren Umgebung und riefen nach ihm, doch er blieb fort. Er hatte gut auf uns geachtet und seine Aufgabe erfüllt. Nun war er bestimmt auf dem Weg, die nächsten Pilger sicher zu begleiten. Ein Bibelvers fiel mir dazu ein:

Der Herr, vor dem ich wandle, wird seine Engel mit dir senden und Gnade zu deiner Reise geben.
Genesis 24,40

Nachdenklich und auch traurig machten wir uns ohne den kleinen Beschützer wieder auf den Weg. Tilli erzählte mir, dass der Hund sie an ihren alten Hund Moppel erinnert hatte, der vor zwei Jahren aufgrund hohen Alters verstorben war.

Jeder mit seinen Gedanken beschäftigt, liefen wir weiter.

In Palas de Rei fanden wir ein Hostel, in das wir auch direkt eintraten, um nach einem Zimmer zu fragen. Doch als wir uns umschauten, bemerkten wir, dass es sehr schmuddelig und heruntergekommen aussah.

Direkt bereuten wir, dass wir nach einem Zimmer gefragt hatten. Wir wollten am liebsten wieder kehrt machen, doch die Frau am Tresen schnappte sich bereits einen Schlüssel und bat uns, ihr zu folgen. Sie führte uns aus dem Restaurant heraus und durch ein Treppenhaus, das bereits viel sauberer wirkte. Das ließ uns wieder hoffen. Sie führte uns in den vierten Stock. Dort angekommen, waren wir völlig aus der Puste, denn es gab keinen

Fahrstuhl und wir waren ja bereits den ganzen Tag unterwegs gewesen. Die Frau drückte uns den Schlüssel in die Hand und wir betraten das Zimmer.

Das erste, was uns empfing, war ein starker Schimmelgeruch, der mich würgen ließ. Der Raum war komplett feucht, die Bettwäsche klamm, auf dem Kopfkissen Stockflecken.

Tilli schüttelte den Kopf und warf ihren Rucksack ab: »Das geht gar nicht! Warte hier mit den Rucksäcken, ich suche uns etwas anderes!«

Wütend stürmte sie los. Eine halbe Stunde später kam sie strahlend zurück. Sie hatte 50 Meter weiter ein gutes Hotel gefunden, in dem noch ein Doppelzimmer für uns frei war. Sogar mit Bad auf dem Zimmer! Wir schnappten uns unsere Rucksäcke und marschierten runter zur Rezeption. Wir legten den Schlüssel zurück auf die Theke und sagten zu der Signora: »No no. Katastrophe!« Sie schaute uns bedröppelt an und winkte uns zum Abschied.

Im Hotel angekommen, brachte uns der Fahrstuhl in den zweiten Stock und wir staunten nicht schlecht: Hier herrschte Luxus pur! Wir betraten das Zimmer, es war perfekt. Super sauber, ordentlich und hoch modern.

»Was müssen wir denn hierfür bezahlen?«, fragte ich vorsichtig an.

»50 €«, antwortete sie.

»Jeder?«

»Nein, zusammen.«

Ich grinste: »Das bekommen wir hin!«

Das Nobelzimmer musste erst einmal gefeiert werden! Tilli duschte ausgiebig und ich nahm ein schönes, gemütliches Bad. Wir ruhten uns aus, bis unsere Mägen anfingen, wie kleine Hunde zu knurren. Nun musste ein Restaurant her!

Ganz in der Nähe unseres schönen Hotels entdeckten wir einen bezaubernden, mediterranen Innenhof mit wunderschön eingedeckten Tischen. Das Gebäude lag etwas verdeckt hinter großen, blühenden Hortensienbüschen. Ein Kellner kam auf uns zu und brachte uns an einen Tisch. Er offerierte uns ein Pilgermenü, bei dem es zwei Auswahlmöglichkeiten gab.

Am Nebentisch saßen zwei junge Frauen mit äußerst glücklichen und entspannten Gesichtern. Ein Blick auf ihre leere Weinflasche verriet uns den Grund ihrer Seligkeit. Sie bestellten einen Brotkorb und eine weitere Weinflasche. Sie hatten wohl etwas zu feiern.

Nach dem Essen kamen wir mit ihnen ins Gespräch und wir setzten uns zu Ihnen. Sie kamen ebenfalls aus Westfalen. Bei dem Gespräch erfuhren wir, dass eine der beiden, Ina, keine 500 Meter von meinem Zuhause entfernt arbeitete.

Ina konnte es kaum fassen: »Das ist ja unglaublich, dass ich seit sechs Jahren in der Nähe deines Hauses arbeite, wir uns noch nie begegnet sind und uns jetzt hier treffen!«

Wir tauschten uns über unsere bisherigen Erlebnisse aus und kamen zu dem Resümee, dass Galizien und der Jakobsweg die ganze Mühe des ewigen Aufs und Abs Wert waren. Die beiden Mädels wollten am nächsten Tag bis nach Melide pilgern – so wie wir. Doch ein Wiedersehen wollten wir dem Zufall überlassen.

Wir umarmten uns herzlich zum Abschied. »Wir sehen uns wieder!«, lächelte Ina. »Wir wissen ja, wo wir uns finden.«

9. Reisetag

Laut Reiseführer sollte die nächste Strecke einfach zu laufen sein. Das freute uns riesig!

Also machten wir uns früh um neun auf den Weg. Die Sonne lachte über den Feldern und ein herrlicher Duft strömte aus den Eukalyptuswäldern. An diesem Tag überholten uns viele Pilger auf Fahrrädern und jeder grüßte uns freundlich.

In Ponte Campana machten wir Rast. Tilli ging zur Toilette und kam fröhlich mit ihrer tropfnassen Ersatzhose auf dem Arm zurück. Verwirrt starrte ich sie an. Sie grinste und erklärte, dass ja so wunderschönes, trockenes Wetter sei. Sie habe bei der Gelegenheit einfach mal Socken und Hose gewaschen. Ich schmunzelte und es ging weiter in Richtung Casanova. Meine Freundin lief mir voraus. Sie hatte die nasse Hose und die Socken an den Rucksack gehängt und tropfte alles voll.

Ich rief ihr lachend zu: »Heute kannst du mir nicht verloren gehen! Du hinterlässt eine Spur.«

Auf dem Weg ging es über Stock und Stein. Wir mussten sehr aufpassen, denn ein falscher Schritt und wir hätten einen Notarzt nötig gehabt. Also mussten wir genau auf den Boden schauen. Dabei entdeckte ich auf einmal etwas: Da hatte doch tatsächlich ein Pilger seinen Wanderschuh verloren! Der fast neue Schuh lag auf der Seite im Matsch. Ich fragte mich, wie man seinen Schuh verlieren konnte, ohne es zu merken – und nahm den Schuh und legte ihn gut sichtbar auf einen Stein. Vielleicht würde dem Schuhbesitzer auffallen, dass er nur einen Schuh trug.

Als ich wieder aufschaute, war Tilli bereits über alle Berge. Ich konnte sie nirgends entdecken, aber auch mein Tempo nicht erhöhen, da ich bereits sehr erschöpft war und der Weg sich wie Kaugummi zog. An einer Schnellstraße angekommen, musste ich mich erst einmal orientieren und nach einem gelben Pfeil oder einer Muschel suchen.

Die Autos rasten auf der Straße an mir vorbei. Gott sei Dank trennten uns noch die Leitplanken und der Parkstreifen. Endlich entdeckte ich den gelben Pfeil. Ich war also noch auf dem richtigen Weg. Doch außer mir war kein Mensch weit und breit zu sehen.

Außer den Männern, die auffällig langsam an mir vorbeifuhren. Sie starrten mich an und das ziemlich finster. In dem Moment, als sich unsere Blicke trafen, setzten sie den Blinker und ich geriet in Panik! »Oh mein Gott!«, rief es in mir. »Banditos!«

Nun hieß es laufen! Doch dazu war ich gar nicht mehr in der Lage. Es war ewig her, seit ich das letzte Mal gerannt war. Außerdem steckten mir die letzten Tage in den Beinen.

Doch ich musste es versuchen. Und so rannte und stolperte ich los. Ich lief so schnell wie es meine müden Beine erlaubten. Ich drehte mich nicht um, dafür murmelte ich leise Gebete vor mich hin: »Lieber Gott, bitte hilf mir! Bitte rette mich! Gleich packen sie mich und schlagen mich nieder!« Ich lief und lief, bis ich in der Ferne endlich Tilli erblickte!

Ich wollte nach ihr rufen, doch ich bekam keinen Ton heraus!

Tilli unterhielt sich mit einer Pilgerin und machte dabei Fotos. Kurz bevor ich sie erreichte, wagte ich es, mich umzusehen. Mir viel ein riesiger Felsbrocken vom Herzen: weit und breit keine Banditos.

Dafür stand ein riesiger Mann vor mir. Er war an die zwei Meter groß und trug ein braunes, langes Gewand mit einer Kordel um die Hüfte und einen langen, natürlich gewachsenen Pilgerstab in der Hand. Der Stab überragte den Mann um einige Zentimeter. Mit einem freundlichen und seltsam vertrauten Lächeln schaute er mich an.

Zaghaft fragte ich ihn auf Deutsch:

»Bitte, können Sie mir sagen, ob es noch weit ist bis Melide?«

Sanft antwortete er: »Today you are going only a little part of the way.«

Seine Antwort verwirrte mich. Ich lief die letzten Meter zu Tilli herüber und bemerkte, dass ich gar nicht außer Atem war, obwohl ich gerade bestimmt einen ganzen Kilometer gerannt war.

Aufgeregt sagte ich zu ihr: »Der junge Mann dort ... «, und deutete in die Richtung, aus der ich gekommen war.

»Welcher Mann?«, fragte Tilli irritiert.

»Der, mit dem ich gerade gesprochen habe«, erklärte ich.

Tilli schaute mich verwirrt an. »Ich sehe niemanden.«

Ich drehte mich um: tatsächlich, der Mann war verschwunden.

Verwundert blickten wir uns an und beschlossen, weiter zu laufen. Als wir über eine kleine, altertümliche Brücke liefen, entdeckten wir am Ende der Straße eine kleine Bodega. Wir traten ein und dem Besitzer der Bodega fiel direkt auf, dass es mir nicht gut ging. Er kam auf mich zu und schob mir einen Stuhl entgegen, auf den ich mich dankbar fallen ließ.

»Du bist weiß wie eine Wand«, sagte Tilli besorgt.

Der freundliche Mann bot uns an, ein Taxi zu rufen. Er erklärte uns, dass wir keine sieben Minuten von einem Hotel entfernt seien. Ich dachte an den mysteriösen Mann und schauderte. Hatte er nicht gesagt, ich würde nicht mehr weit gehen müssen?

Alle Dinge sind möglich dem, der da glaubt.

Markus 9,23

Nachdem ich mich gefasst hatte, ruhten wir uns aus und ließen uns zum Hotel bringen.

Im Hotel angekommen knurrten unsere Mägen und wir beschlossen, ein

Restaurant zu suchen. Doch es war Sonntag, da tickten die Uhren anders als sonst. An jedem Restaurant fanden wir einen Aushang, der vermerkte, dass die Pilgermenüs erst ab 20 Uhr erhältlich seien. Das war uns definitiv zu spät.

»Du, Marta. Ich hätte heute Appetit auf eine richtig schöne Pommes und ein gutes, deutsches Bier!«, schmachtete Tilli. Ich stimmte ihr zu, woraufhin wir uns nach einer Imbissbude umsahen.

Tatsächlich fanden wir auch eine und bestellten uns nach Herzenslust Pommes und Bier. Es war herrlich warm und die Restaurants hatten trotz der späten Stunde ihre Sonnenschirme aufgespannt, was die Gemütlichkeit noch unterstrich.

Auf einmal standen zwei bekannte Gesichter vor unserem Tisch: Ina und Birgit. Wir lachten, als sie uns erzählten, dass sie an diesem Tag ebenfalls Heißhunger auf Pommes hatten und dass sie nicht mehr bis 20 Uhr auf ein

Pilgermenü warten wollten. Sie setzten sich zu uns und es wurde ein wunderschöner, lustiger Abend, der uns die Zeit komplett vergessen ließ. Um halb zehn lagen wir dann in unseren Betten, die nicht die komfortabelsten, aber durchaus gut zu ertragen waren.

Wir waren gerade eingeschlafen, da schreckten wir auch schon wieder auf! Ein ohrenbetäubender Lärm drang durch das Haus! Laute Stimmen! Knallenden Türen! Groll! Es klang, als würde jemand riesige Fässer durch einen Schacht werfen. Draußen veranstaltete jemand ein riesiges Spektakel, doch wir trauten uns nicht, nachzusehen, was dort vor sich ging, denn die Geräusche klangen durchaus bedrohlich.

Mit dem Schlafsack bis über die Nasenspitze gezogen, fanden wir erst spät in der Nacht endlich wieder Schlaf.

10. Reisetag

Als wir von Zuhause aufgebrochen waren, war Tilli und mir klar, dass nicht alles einfach werden würde und dass die gemeinsame Wanderung auf dem Jakobsweg durchaus eine Bewährungsprobe für unsere Freundschaft werden könnte. Doch wir verstanden uns unglaublich gut und waren immer einer Meinung. Die Zeit und die Erlebnisse auf dem Jakobsweg schienen das zu verstärken. Es schweißte uns regelrecht zusammen.

Daher lasen wir mit Gleichmut den Wetterbericht auf dem Handy. Er teilte uns mit, dass es an dem Tag regnen und sich drastisch auf zwölf Grad herunterkühlen sollte.

»Eine weitere Prüfung«, lächelte Tilli.

Wir verließen Melide, das uns sehr gut gefallen hatte, und erkannten schon bald die betörend duftenden Eukalyptuswälder wieder. Kurze Zeit später jedoch ging es wieder bergauf und bergab, über Stock und Stein. Zu der Anstrengung kam hinzu, dass der Regen tatsächlich einsetzte

Wir fischten unsere Regenponchos aus den Rucksäcken, streiften sie über und lachten: wir sahen darin aus wie kleine Zelte mit Füßen. Glücklicherweise hatten wir uns richtige Pilgerregencapes bestellt, durch die auch unsere Rucksäcke trocken blieben und das Wasser nicht auf unangenehme Weise zwischen Rucksäcken und Rücken entlang fließen konnte.

Plötzlich begann mein Fuß zu schmerzen. Es war erträglich, doch sehr unangenehm und wurde stetig intensiver. Ich befürchtete, mir eine riesige Blase gelaufen zu haben.

Wir erreichten Boente. Vor der Ortskirche stand ein Priester, der uns freundlich einlud, sein Gotteshaus zu betreten. Wir nahmen seine Einladung an und wurden von ihm gesegnet. Ich nutzte die Gelegenheit und betete zu

Gott. Ich bat ihn, uns auf unserem weiteren Weg zu beschützen und mir zu helfen, den Camino zu Ende gehen zu können. Zu diesem Zeitpunkt hatten wir noch einige Kilometer vor uns.

Wir zogen weiter und erstarrten: eine enorme Steigung erwartete uns. Entschlossen trotzten wir den Strapazen und waren unfassbar stolz und erleichtert, nachdem wir es geschafft hatten.

Direkt beschlossen wir, die nächste Unterkunft zu nehmen. Wir bogen auf einen kleinen Weg ab und entdeckten ein kleines, unscheinbares Haus nebst Garage. Am Zaun hingen Bilder von traumhaft schönen Zimmern, doch die passten so gar nicht zu diesem Gebäude, was uns skeptisch machte. Da konnte doch etwas nicht stimmen!

Die Gebäude, die wir von außen betrachteten, gaben kein besonders hübsches Bild ab, die Fotos hingegen sahen aus, als hätte sie jemand aus einem Reisekatalog ausgeschnitten.

Tilli und ich begannen darüber zu

diskutieren, ob wir es wagen sollten, uns in den Gebäuden umzusehen und bemerkten beinahe nicht, dass plötzlich ein kleiner, weißhaariger Herr winkend auf dem Hof stand und uns zurief: »Signoras aus Alemanne! Bitte Bitte!«

Wir deuteten auf die Bilder und schauten ihn fragend an, woraufhin er nickte. »Si Si«, sagte er und führte uns in das Gebäude, das wir eher für eine Garage gehalten hatten. Die Tür fiel hinter uns zu und es ging eine schmale Treppe hinauf.

Tilli betrat gelassen die ersten Stufen, als ich sie zurückhielt: »Das kommt mir hier alles Spanisch vor. Wer weiß, was er mit uns vorhat?»

»Nun, wir sind ja auch in Spanien«, grinste Tilli. Ich fand das jedoch nicht witzig und versuchte sie davon zu überzeugen, nicht mitzugehen.

Der ältere Herr quatschte unentwegt dazwischen und deutete uns, endlich zu folgen. Nach dem dritten Anlauf gingen wir ihm nach und als er die Tür aufschloss, verflogen alle Zweifel.

Man konnte es kaum in Worte fassen. Was wir sahen, war ein traumhaft schönes Zimmer im Landhausstil. Genauso würde ich mir auch mein Zuhause einrichten, dachte ich.

Der Mann verschwand und wir betraten den Raum. Staunend schauten wir uns um. Auch das Bad mit Dusche war wundervoll. Es sah aus wie aus einem Film von Rosamunde Pilcher.

Es klopfte an der Tür. Wir öffneten und vor uns stand eine junge Frau, die uns begrüßte, als wären wir alte Bekannte. Wir sahen wohl recht bemitleidenswert aus, denn sie zeigte uns direkt, wo wir weitere Decken finden könnten, und drehte die Heizung auf. Ich dankte ihr dafür, denn ich war vom vielen Regen ganz durchgefroren. Sie sprach Englisch und das sehr schnell, weshalb ich nichts und Tilli auch nur ein paar Bruchstücke verstand.

Während Tilli der Dame folgte, um die Formalitäten zu klären, nutzte ich den

Moment und schaute nach meinem versehrten Fuß. Ich entdeckte in der Tat eine Blase. Sie befand sich direkt oben am Nagel; darunter war alles gerötet. Genau das hatte ich befürchtet! Ich cremte die betroffene Stelle sorgfältig ein und umwickelte den Zeh mit einer Mullbinde.

Anschließend machten Tilli und ich uns frisch und gingen zum Essen. In unserer Albergue, der Herberge, schien es sehr gemütlich zu sein – und über-füllt. Doch zu unserer Freude gab die Besitzerin zwei jungen Mädchen ein paar Anweisungen, woraufhin diese uns einen zusätzlichen Tisch mit zwei Stühlen brachten und ihn in der Mitte des Raumes aufstellten.

Wir waren umgeben von zahlreichen Pilgern, die alle das Pilgermenü bestellten. So wir wir, denn das drei Gänge Menü sah lecker und sehr üppig aus.

11. Reisetag

Es stellte sich schnell heraus, dass es meinem Fuß nicht gut ging und ich nicht mehr problemlos laufen konnte. Wir überlegten, was wir tun sollten, und dachten, das Beste sei, einen Arzt aufzusuchen.

Wir frühstückten in Ruhe – denn ohne Kaffee geht nichts – und überlegten, wie wir vorgehen sollten. Tilli schlug vor, allein weiter zu laufen, während ich mit einem Taxi zum Arzt fuhr. Wir würden uns dann in Arzua treffen. Doch mir war nicht wohl bei dem Gedanken, sie ganz allein weiterlaufen zu lassen. Ihr könnte etwas passieren. Das war nicht abwegig. Banditos gab es nun mal! Wir hatten solche Geschichten von anderen Pilgern gehört. Und ich war dem Ganzen ja auch mit viel Glück und Gottes Segen entgangen. Also beschlossen wir, zusammen zu bleiben.

Das Taxi brachte uns ins nächste medizinische Zentrum. Dort angekommen, erklärten wir unsere Lage mit Händen und Füßen. Das ganze drei Mal. Erst an der Info, dann der Arzthelferin und letztendlich dem Arzt. Tilli lief mit ihrem Englisch zur Höchstform auf und ich war ihr dafür unglaublich dankbar.

Der Arzt riet mir zu einem Tag Ruhe und die Arzthelferin umwickelte meinen Zeh so sehr, dass ich einen richtig dicken Klumpen am Fuß trug. Der Verband hätte locker für zehn kleine Zehen gereicht und ich beschloss, ihn vorerst drei Tage lang zu tragen.

Glücklicherweise passte mein Fuß noch in den Schuh. Ich hatte mir damals extra breite Wanderschuhe gekauft und war darüber in diesem Moment sehr erleichtert.

Anschließend begaben wir uns in Arzua auf Zimmersuche, was sich als äußerst schwierig herausstellte. Selbst als wir uns aus lauter Verzweiflung in einem Nobelhotel nach einem Zimmer erkundigten, wurden wir mehr oder weniger abgelehnt. Der Mann an der Rezeption zeigte immer wieder auf den Preis: 45 Euro pro Person – als könnten wir uns das nicht leisten!

Der Preis hätte uns nicht abgeschreckt, im Gegensatz zu dem Gehabe. Der Mann wirkte so unsympathisch und arrogant, dass wir das Hotel wieder verließen.

Enttäuscht suchten wir weiter und ich stellte fest, dass wir auch dringend unsere Wäsche waschen mussten. In den Zimmern der letzten Tage war das nicht möglich gewesen.

Genau in diesem Moment tauchte vor uns ein Waschsalon auf. Das nahmen wir als Zeichen und erklärten diesen verlorenen Tag zum Waschtag. In der Nähe des Waschsalons entdeckten wir ein weiteres Hotel und starteten einen weiteren Versuch. Bingo! Dieses Mal nahmen sie uns freundlich und zuvorkommend auf.

Den ganzen Tag über hatte es geregnet, wir waren total durchnässt. Um so erleichterter waren wir, eine Unterkunft gefunden zu haben. Wir zogen die nassen Sachen aus und gönnten uns eine warme Dusche. Danach sagte Tilli zu mir: »Marta, du legst jetzt erst einmal deinen Fuß hoch und ruhst dich aus. Ich gehe rüber in den Waschsalon. Hoffentlich haben die einen Trockner, denn bei dem Wetter können wir die Kleidung nicht draußen aufhängen.«

Tilli blieb lange fort, weshalb ich begann, mir Sorgen zu machen. Mein Iphone hatte kein Netz, somit konnte ich sie nicht anrufen.

Als sie zurückkam, erklärte sie mir, dass der Waschsalon schon geschlossen hatte, weshalb sie in eine Bodega gegangen war und sich dort eine heiße Schokolade bestellt hatte.

Dort hatte sie zwei Amerikanerinnen aus Santa Fe kennengelernt. Diese fragten sie, ob die heiße Schokolade zu empfehlen sei, was Tilli selig bejahte, denn die Signora an der Bar hatte ihr

einen ordentlichen Schuss Rum hinzu-
gegeben. Das führte zu einem fröhlichen
Gespräch mit Kakao und Rum. Die
beiden erzählten ihr, dass sie genau wie
wir von Sarria aus gestartet waren.

Ich freute mich, dass Tilli diesen
Abend noch genießen konnte, trotz aller
Unannehmlichkeiten des Tages.

12. Reisetag

Wir schliefen bis acht Uhr. Die Betten waren sehr gemütlich und der Verband am Zeh hielt. Ich fühlte mich schon viel besser. Nach dem gewohnten Frühstück brachen wir auf. Leider mussten wir direkt unsere Regenponchos überstreifen, denn es regnete in Strömen.

Auf diese Etappe hatte ich mich besonders gefreut, denn laut Wanderführer handelte es sich bei diesem Abschnitt um eine Spazierwanderung für Genießer, mit wenig Steigungen. Wir kamen an der 33 Kilometer-Marke vorbei – das hörte sich sehr gut an! Alle Pilger, die an uns vorbeizogen, grüßten uns gewohnt freundlich, doch recht verhalten.

Die Wanderung bei diesem Wetter schien niemandem Spaß zu machen, doch da mussten wir durch. Auch das gehört dazu. Nach einer Weile entdeckten wir mitten in der Pampa ein

Schild, auf dem stand: Albergue Pension, 800 Meter.

Wir liefen in die angewiesene Richtung, doch entdeckten nichts. Es war kein Ortsschild zu sehen, kein Haus, kein gelber Pfeil. Nach einiger Zeit kam uns endlich ein Mensch entgegen, scheinbar ein Bauer. Wir fragten ihn nach der Albergue Pension. Er nickte nur und deutete geradeaus. Wir waren also richtig. Zum Glück, denn wir wollten nicht zu weit vom eigentlichen Weg abkommen.

Es schüttete wie aus Eimern, als wir endlich eine Villa entdeckten. Ich wusste nicht wieso, doch mich überkam ein leichtes Unbehagen. Vielleicht lag es am Regen oder dem verhangenen Himmel, doch die Villa wirkte in meinen Augen unheimlich, wie ein verwunschenes Schloss.

Tilli sah das anders, weshalb ich mein mulmiges Gefühl unterdrückte und ihr zur Villa folgte.

Die Zimmer waren hübsch und im

Landhausstil eingerichtet. Die Küche war faszinierend! Sie war wahrscheinlich so alt wie die Villa selbst, die laut Schild 1936 erbaut worden war. Die Küche besaß einen uralten Steinofen, bei dem man in der Glut stochern konnte, und einen Gasherd. Der Tisch war riesig und daran stand eine passende Bank. Alles in allem wirkte es sehr beeindruckend.

Wir waren die ersten Gäste. Die Tochter des Hausherrn führte uns herum und zeigte uns die Cafeteria, in der drei kleine Tische standen. Es gab dort nur das Nötigste zu erwerben. Wir kauften uns zwei Päckchen Suppe, denn bei dem Wetter hatten wir Lust auf etwas Warmes, und bereiteten sie auf dcm Gasherd zu. Komplett durchgefroren schlürften wir unsere heiße Mahlzeit, als drei Pärchen zu uns in die Küche kamen und uns mit einem freundlichen »Bonjour!« begrüßten.

Sie packten unzählige Tupperdosen aus und deckten den Tisch. Da uns der

Anblick des Essens hungrig machte, verabschiedeten wir uns freundlich und verließen den Raum mit knurrenden Mägen.

Leider mussten wir feststellen, dass wir uns das Badezimmer mit dem ganzen Flur teilen mussten und dass direkt gegenüber unserer Zimmertür eine Waschmaschine samt Wäschetrockner stand, die beide bereits auf Hochtouren liefen.

Oje, seufzte ich, wenn das die ganze Nacht so geht, werden wir sicherlich nicht gut schlafen. Aber immerhin besaß diese Herberge einen Trockner, was äußerst selten vorkam. Nur leider hatten wir wieder keine Gelegenheit, unsere Wäsche zu waschen, da die Maschinen dauerhaft belegt waren.

Es war bereits den ganzen Tag stockfinster gewesen, doch nun war der Himmel rabenschwarz. Mit großem Hunger quetschten wir uns in die mittlerweile überfüllte Cafeteria. Plötzlich schienen alle Bewohner der Villa in der

Cafeteria zu sitzen. Wir schlängelten uns bis zur Theke durch und bestellten uns eine heiße Schokolade. Die Kellnerin fragte uns, ob wir auch Rum darin haben wollten und Tilli und ich antworteten wie aus einem Mund: »Si Si!«

Nach dem dritten Kakao mit Schuss gingen wir zu Bett, und der Trockner surrte uns in den Schlaf.

13. Reisetag

Zum Frühstück gab es nur Kakao – leider keinen Kaffee. Trotzdem mussten wir los. Die anderen Pilger waren bereits unterwegs. Wir wollten an dem Tag bis nach Pedrouzo/Arca laufen.

Zunächst mussten wir den Camino wiederfinden und uns unser Einmannzelt überziehen, denn es regnete immer noch. Euphorisch sagte ich zu Tilli: »Das wäre ja Wahnsinn, wenn wir es heute bis nach Perouzo/Arca schaffen würden! Von da sind es nur noch zwei Etappen bis nach Santiago. Unser Ziel kommt immer näher!«

Diese Vorstellung gab mir Mut und baute mich auf, obwohl ich immer kraftloser wurde. Ich schwor mir, es trotz aller Widrigkeiten und zu schaffen!

Der Himmel war komplett verhangen und der Dauerregen schlug mir aufs Gemüt. Ich sehnte mich nach Zuhause und bekam schlimmes Heimweh. Ich versuchte, mich abzulenken, und nicht an Daheim zu denken.

Tilli war sowohl körperlich als auch mental in wesentlich besserer Verfassung. Sie telefonierte jeden Tag mit ihren Lieben. Ich hingegen wollte das nicht, denn ich war der Meinung, wenn ich meine Liebsten am Telefon hörte, würde ich umgehend kehrt machen und nach Hause fliegen.

Bevor ich von Zuhause aufgebrochen war, hatten mir meine beiden Enkelsöhne ein großes Herz gemalt, auf dem alle meine Kinder und Enkelkinder unterschrieben hatten. Das trug ich die ganze Reise über bei mir. Mein Mann war früher auf Montage gewesen, weshalb ich meine Kinder zum großen Teil allein erzogen hatte. Ich war sehr stolz auf meine drei Kinder.

Als meine beiden Töchter innerhalb eines Jahres ausgezogen waren, hatte ich große Probleme, loszulassen. Aber glücklicherweise hatten sie jeden Abend mit mir telefoniert. Sie hatten beide geheiratet und zwei Jahre später wurde ich Oma, was mich sehr glücklich gemacht hatte. Mein Sohn, der noch bei mir wohnte, war ebenfalls sehr froh darüber, denn meine Aufmerksamkeit und Zeit widmete ich fortan vermehrt den Enkeltöchtern – und er war seine fürsorgliche Mutter erstmal los.

Ich kaufte mir einen Kombi und verwandelte unseren Garten in einen schönen Spielplatz für die Kleinen. Mein Mann, der damals erst 51 Jahre alt war und ich mit meinen 45 Jahren, waren stolze Großeltern.

Ich musste meine Tränen zurückhalten, während ich daran dachte, und ich beschloss, diesen Tag zu meinem Familientag zu machen und heute Abend wieder daheim anzurufen.

Auf einmal war Tilli nicht mehr zu sehen und ich musste mein Tempo anziehen. Ich wollte nicht, dass meine Freundin bemerkte, wie schlapp ich wirklich war.

Als wir die 26,3 Kilometermarke

erreichten, kamen wir nach Salceda und ich bemerkte allmählich, wie mir die Feuchtigkeit an den Beinen hochzog. Ich spielte mit dem Gedanken, in der nächsten Bodega meine trockene Ersatzhose anzuziehen.

Plötzlich musste ich laut niesen und ein Pilger, der vor mir lief, zuckte erschrocken zusammen und grüßte mich mit einem zitterigen, schmunzelnden »Buen Camino!«

Während ich weiter lief, schwelgte ich erneut in Erinnerungen:

Meine ersten Enkelkinder, Laura und Marie, waren einfach süß. Meine älteste Tochter war erneut schwanger geworden und ich durfte oft mit der kleinen Marie zum Mutter-Kind-Turnen gehen, wo wir auch meine jüngste Tochter mit Laura trafen. Wir hatten viel Spaß und die Kleinen verstanden sich blendend.

Das dritte Enkelchen wurde geboren – es war wieder ein Mädchen, die kleine Hanna. Ab dem Moment fuhr ich Marie und Hanna oft im Zwillings-Kinderwagen spazieren. Eines Tages schaute ich mir mit Marie im Kinderzimmer ein Bilderbuch an, während meine Tochter in der Küche ihre neue Mikrowelle ausprobierte. Das Buch handelte vom Zoo und Marie erkannte schon viele Tiere und konnte die Begriffe gut aussprechen. Sie zeigte mir den Affen, den Bären, die Ente und jedes Mal, wenn in der Küche die Mikrowelle erklang, rannte sie los, lachte und rief: »PING!«

Sie kam zurück und wir blätterten weiter im Buch. Auf einer Seite waren Pinguine und ich forderte sie auf: »Sag mal Pinguin.«

Sie sagte nichts und machte ein nachdenkliches Gesicht.

»Marie, das ist doch ganz einfach. Sag einfach PIN-GU-IN.«

Sie krauste die Stirn, was sie wie eine Erwachsene beherrschte. Dann sagte sie langsam, auf den Pinguin zeigend: »Mikrowelle!«

Als Marie und Laura drei Jahre alt waren, schlug ich meinen Töchtern vor, einmal die Woche einen Oma-Tag mit den Enkeln zu machen. Sie willigten ein und wir fuhren in den Tierpark, backten Plätzchen, bastelten und planschten im Sommer im Pool.

Meine Enkelkinder sind sehr fantasievoll! Eines Tages fuhren wir am Oma-Tag in den Tierpark. Marie und ich holten Laura ab und freuten uns schon sehr. Laura stand bereits mit ihrer Mama und dem Kindersitz im Arm auf dem Parkplatz vorm Haus. Meine Tochter erklärte mir, dass Lauras neuer Fantasiename *Aia* sei. Wir schmunzelten, schnallten uns an und fuhren los. Auf dem Rücksitz begann Marie zu singen: »Oma, Laura und Marie fahren in den Tiiiiierpaaaark.«

Da sagte Laura ganz ernst: »Mein Name ist Aia.«

Marie zog die Stirn kraus und behauptete verwirrt: »Aber du heißt doch Laura!«

»Nein, Aia.«

Marie schaute ernst und irritiert drein. Ein paar Minuten später sang sie dann: »Oma, Aia und Marie fahren in die Tiiiiierpaaaark«, und wir stimmten alle mit ein …

Als ich mich an diese Momente erinnerte, musste ich breit grinsen. Die Zeiten waren so schön gewesen.

Ich erreichte einen weiteren Kilometer-stein und bald war Santa Irene in Sicht. Und meine liebe Freundin Tilli! Ich war total erleichtert, als ich sie endlich ein-holte. Das erste, was sie mir sagte, war: »Wenn wir ein Lokal finden, gehen wir was trinken. Ich fühle mich so nass! Und ich bin total erschöpft!«

Ich stimmte ihr zu und war erleich-tert, dass es nicht nur mir so ging.

»Hast du gesehen, wir haben schon den 23,5 Kilometer-Stein passiert!«, er-zähle ich freudig.

Tilli war ebenfalls erfreut: »Ich wünsche mir vom Universum, dass die

Sonne scheint, wenn wir unsere letzte Etappe nach Santiago bewältigen!«

Wir wanderten weiter durch den Regen. Das Wetter erinnerte mich an nasse, kalte Frühlingstage in Deutschland. Es war nicht schön.

Dafür begeisterten mich die vielen Hortensiensträucher, die am Wegrand wuchsen. Sie blühten wunderschön und waren gigantisch. Die Blätter waren groß und kräftig. Und die Blüten erst! Traumhaft!

Hortensien benötigen viel Wasser und das bekamen sie auch – zumindest in dieser Woche. Callas wuchsen ebenfalls auf dem Weg. Aber so große Blumen hatte ich noch nie gesehen. Sie fühlten sich anscheinend sehr wohl in Galicien.

Als wir Perouzo/Arca erreichten, nahmen wir uns die erstbeste Pension. Sie war sauber, doch nicht sonderlich schön.

Nebenan gab es eine Bodega, aber sonst gab es weit und breit nichts als einer Durchgangsstraße zu sehen. Um ein wenig mehr zu erleben, hätten wir einen Ort weiter gehen müssen, doch dafür waren wir zu erschöpft. Wir duschten und zogen uns trockenen Kleidung an. Unsere nasse Kleidung verteilten wir zum Trocknen im ganzen Zimmer und drehten die Heizung auf. Anschließend hofften wir auf ein heißes Mahl in der Bodega. Wir hatten Glück. Wir bekamen ein Pilgermenü serviert, zwar erst nach einer Stunde, doch das war nicht so schlimm.

»Tilli, heute habe ich Lust, mir richtig die Kante zu geben«, seufzte ich. »Ich friere so und möchte endlich wieder warm werden.«

Tilli verstand und wir bestellten uns für die Wartezeit eine heiße Schokolade mit einem kräftigen Schuss Brandy.

Das Pilgermenü war lecker und wir genossen unseren Wein. Direkt nach dem Essen wollten wir einfach nur ins Bett fallen und durchschlafen. Doch neben unserem Zimmer befand sich ein großer Schlafsaal mit dreißig Betten.

Laute Stimmen und Geräusche drangen bis zu uns herüber. Die Wände waren sehr dünn, wir hätten ebenso gut im großen Saal liegen können. Wir hörten jedes Geräusch, jedes knarzende Bett und jedes Schnarchen.

Um Mitternacht lagen wir noch immer wach. »Marta, kannst du auch nicht schlafen?«, flüsterte Tilli.

Ich nickte und sie begann, von ihrer Familie zu erzählen. Sie freute sich auf ihr drittes Enkelkind. Ihre Enkel waren noch jung und Tilli hatte große Sehnsucht nach den Kleinen. Ich riet ihr, jede Minute mit ihnen zu genießen, denn die Zeit vergeht so schnell und ehe man sich versieht, sind die Kleinen groß und studieren.

»Ach, du hast mir noch gar nicht erzählt, was deine Enkel jetzt so machen!«, bemerkte Tilli.

»Ja, stimmt!«, antwortete ich. »Marie studiert Raumplanung. Das passt gut, denn schon als Kind hat sie ständig ihr Zimmer umgestellt und neu dekoriert.

Laura studiert Theologie. Als sie klein war, hat sie in der Kirche Flöte gespielt und gesungen. Schon früh hat sie sich entschieden, in der Schule Latein zu lernen, denn sie wollte Pastorin werden. Das fanden wir lustig, aber sie meinte es ernst.«

»Das ist ja Wahnsinn!«

»Ja, auf jeden Fall. Und unsere kleine Hanna hat eine Lehrstelle als Hör-Akustikerin bekommen! Zum Glück in unserer Stadt. Ich genieße es, dass sie in unserer Nähe wohnt, genau wie unsere Jungs, die ja noch zur Schule gehen. Der Große spielt Wasserball, wo ich allerdings nur zusehen darf, wenn ich mich unauffällig und ruhig verhalte. Er ist nämlich schon sehr cool und es ist ihm peinlich, wenn die Oma am Rand sitzt und laut jubelt. Der Kleine will genauso cool sein wie sein großer Bruder. Er spielt Fußball und er sagt auch immer, wenn ich zu seinen Spielen komme, um zuzusehen: »Oma, aber nicht jubeln, wenn ich ein Tor schieße!«

Wir erzählten und erzählten, versanken in Erinnerungen und schliefen irgendwann ein.

14. Reisetag

Ein heller, freudiger Aufschrei weckte mich. Ich schreckte auf und erblickte Tilli, die den Vorhang zur Seite geschoben hatte und sich über die lachende Sonne freute. »Mein Wunsch wurde erfüllt!«

Das mussten wir nutzen, also wanderten wir sofort los. Der Reiseführer versprach uns einen einfachen Weg. Die Sonne lachte und ich fühlte mich blendend.

Der Camino schien immer voller zu werden. Überall begegneten wir freundlich grüßenden Pilgern, die Santiago bereits entgegenfieberten. Wir kamen zu einer zauberhaften Waldlichtung und bewunderten die sagenhafte Natur. Anschließend ging es stetig bergauf. Doch wir hielten durch.

Tilli und ich liefen ausnahmsweise nebeneinander und überlegten, ob wir uns in Lavacolla oder in der Umgebung ein Hostel nehmen wollten, denn wir hatten erfahren, dass die Pilger sich einst dort an einer kleinen Wasserstelle wuschen – Millionen Pilger im Laufe der letzten 1000 Jahre.

Wir waren hin- und hergerissen, denn uns trennten nur noch sechs Kilometer von dem Pilgerdenkmal in Monte do Gozo. Außerdem wollten wir Santiago, mehr oder weniger, frisch geduscht erreichen.

Als wir weiterliefen und grübelten, erschien nach einer Weile vor uns ein großes, altes Hotel.

Spontan beschlossen wir, uns dort einzuquartieren, und liefen schnurstracks darauf zu. Wir fragten nach einem Zweibettzimmer und die resolute Spanierin überreichte uns den Schlüssel. Die Einrichtung war uralt und die Heizung war bestimmt schon zehn Mal überstrichen worden.

Ich musste schmunzeln, denn plötzlich fand ich meine eigenen Gedanken und meine Besorgnis über eine alte

Heizung lächerlich. Hatte ich diesen ganzen Weg zurückgelegt, um mir dann Gedanken über eine Heizung zu machen?

Nein! Ich war die vielen Kilometer gelaufen, um mein heiß ersehntes Ziel zu erreichen – Santiago de Compostela! Davon hatte ich so lange geträumt. Ich musste und ich wollte es unbedingt schaffen! Und morgen würde es soweit sein!

Tilli riss mich aus meinen Gedanken: »So, meine Socken sind gewaschen. Wir wollen die Kathedrale schließlich frisch und sauber betreten.«

Ich schmunzelte. »Gut, dass wir noch einmal in einem Hotel übernachten.« Etwas ernster fügte ich hinzu: »Ich wünsche mir so sehr, morgen die letzten Kilometer zu schaffen und in die Kathedrale zu gehen! Ich bin richtig aufgeregt! Aber wir müssen noch den ganzen Weg durch die Neustadt von Santiago laufen und das sind bestimmt noch mal …«

»Mach dich nicht verrückt, Marta!«, unterbrach Tilli mich. »Morgen machen wir den Sack zu und jetzt halten wir erstmal Ausschau nach einem leckeren Pilgermenü!«

Ich nickte, doch eine Sache musste ich noch loswerden: »Aber eine große Steigung erwartet uns noch!«

Tilli ging nicht darauf ein und versuchte, mich abzulenken: »Schau mal, die Heizung ist bestimmt schon zehn Mal überstrichen worden und sie funktioniert auch nicht. Ich werde die Signora bitten, sie anzuschmeißen.« Sie schaute nach draußen. »Die Sonne schafft es einfach nicht, das Zimmer durch diese dicken Mauern hindurch zu erwärmen, geschweige denn, unsere Wäsche zu trocknen. Und ich habe nur wenig Lust, die letzte Etappe ohne Socken zu laufen.«

Ich nahm ihr Ablenkungsmanöver hin und wir gingen zum Essen. Das Pilgermenü war gut. Anschließend baten wir die Signora, uns die Heizung anzustellen. Sie versuchte uns auf Deutsch zu antworten. »Signora, Heizung an.«

Wir verstanden kein Wort Spanisch und sie kein Deutsch. Wir gaben also auf, tranken unseren Wein aus und gingen aufs Zimmer. Eine große Überraschung erwartete uns dort: die gute alte drei-Rippen-Heizung glühte auf Stufe fünf.

»Na, Tilli, dann klappt es ja morgen doch noch mit den sauberen Socken«, grinste ich, wobei mir etwas auffiel. »Sag mal, habe ich auch so einen roten Kopf wie du?«

»Ja, hast du«, lachte sie. »Doch bestimmt nicht nur wegen morgen.«

15. Reisetag

»Ja, liebe Freundin! Nun ist es soweit!«, sagte ich am nächsten Morgen zu Tilli, noch im Bett liegend. »Heute gehen wir in die Kathedrale von Santiago de Compostela. Heute endet unsere Wanderung auf dem Jakobsweg. Es ist kaum zu glauben, dass wir es geschafft haben.«

Nach dem Frühstück ging es los. Wir passierten eine kleine Brücke – die alte Waschstelle der Pilger – und den Ortsausgang. Und wie konnte es anders sein? Es ging die ganze Zeit bergauf. Bis Monte do Gozo waren es noch etwa 5,5 Kilometer. Als wir am Papstdenkmal ankamen, entdeckten wir zahlreiche Pilger. Alle fotografierten – so wie wir – und die Stimmung war ausgelassen. Sie riefen »Buen camino« und umarmten sich.

Es war ein wunderbarer, berührender Moment. So viele herzliche Leute, alle mit demselben Ziel und fest im Glauben.

An der kleinen Kapelle ließen wir unsere Pässe stempeln und machten uns auf den Weg nach Santiago.

Doch wo war das Pilgerdenkmal von Monte do Gozo? Wir schauten uns um. Da! Auf einem Hügel entdeckten wir die zwei Statuen der Pilger, einige hundert Meter Luftlinie von uns entfernt. Das bedeutete einen erneuten Umweg. Ich schlug Tilli vor, am nächsten Tag noch einmal dorthin zu laufen, damit wir unser Ziel heute noch erreichten – und da entbrannte unser erster Streit.

Sie wollte das Denkmal unbedingt an diesem Tag besuchen, doch ich hatte Angst, es nicht mehr bis in die Altstadt zu schaffen. Schließlich gab ich klein bei und folgte Tilli schlecht gelaunt zum Monte do Gozo Denkmal.

Oben auf den Hügeln angekommen, offenbarte sich uns ein wunderschöner Blick auf die Stadt. Die bezaubernde Aussicht ließ mich meinen Groll direkt vergessen und stimmte mich versöhnlich. Wir machten ein paar Fotos mit dem Handy, atmeten tief durch und genossen das unbeschreibliche Bild, was sich uns bot.

Nach einem Moment der Ruhe und Stille brachen wir wieder auf und wanderten runter in die Stadt. Der Weg zog sich, ich war ziemlich erschöpft und Tilli immer noch zerknirscht wegen unserer Auseinandersetzung.

Plötzlich vernahm ich Stimmen hinter mir. »Wetten, die kommt aus Deutschland?«

»Wollen wir sie fragen?«

Ich wunderte mich, ob sie mich meinten und drehte mich um. Hinter uns lief eine große Gruppe. Der Anführer der Gruppe sagte zu dem Mann neben sich: »Ein Deuter-Rucksack!«

Ich mischte mich ein: »Ja, ich bin aus Deutschland.«

Die Männer freuten sich, schlossen zu uns auf und wir unterhielten uns angeregt. Einer der Männer fragte mich: »Sind Sie aus Westfalen?«

Ich nickte und wir tauschten uns über

unsere Wohnorte aus. Dabei stellten wir fest, dass wir beinahe Nachbarn waren! Uns trennten bloß 10 Kilometer. Schon wieder so ein Zufall! Oder Schicksal? Die ganze Gruppe kam aus der Nachbarstadt und wir redeten und redeten. Wir stellten fest, dass wir sogar gemeinsame Bekannte hatten. Tilli klinkte sich auch ins Gespräch ein und ich war äußerst dankbar über diese Ablenkung.

Plötzlich blieben alle stehen: Vor uns offenbarte sich die Altstadt von Santiago de Compostela. Man konnte die Rührung in jedem einzelnen Gesicht erkennen. Tilli lief auf mich zu, nahm mich in den Arm. »Wir haben es geschafft!«

Wir verabschiedeten uns von den freundlichen Herren und liefen schnurstracks Richtung Kathedrale. Wir waren unfassbar aufgeregt, als wir die hohen, alten Stufen der Kathedrale emporstiegen. Es war unbeschreiblich! Wir betraten die Kathedrale und waren sprachlos. Die riesigen Säulen, der glänzende Altar. Es war atemberaubend. So musste es sich anfühlen, wenn der Heilige Geist jemanden ergreift.

Eine Nonne bereitete gerade eine Messe vor und wir hatten das Glück, ganz vorn noch zwei Plätze zu ergattern. Nachdem wir gebetet hatten, setzten wir uns und schauten uns staunend um. Drei Priester traten an den Altar. Sie knieten nieder und eine Nonne begann, mit glockenheller, klarer Stimme zu singen. Ihre Stimme füllte den Raum und berührte mich tief in meinem Innersten. Mir kamen die Tränen, doch es kümmerte mich nicht, ob sie jemand sehen konnte. Ich weinte vor Rührung und es tat gut. All die Strapazen wurden nun belohnt.

Höhepunkt der Messe war der riesige Weihrauchkessel, der an einem langen Seil durch das Kirchenschiff geschwenkt wurde. Wir betrachteten die großen Säulen und da entdeckten wir, in den Hochaltar eingearbeitet, eine große Jakobsfigur, die man von der Rückseite

aus umarmen konnte. Den Silbermantel
zu küssen, bedeutet für Pilger das Ende
der Wallfahrt.

So auch für uns.

Am Ende der Reise

In den nächsten zwei Tagen besichtigten wir Santiago und holten uns unsere wohl verdienten Urkunden ab.

»Weshalb sind Sie den Jakobsweg gegangen?«, fragte mich der Mann, der meine Urkunde ausfüllte. »Aus Glaubensgründen?« Er zwinkerte mir zu. »Oder aus sportlichem Ehrgeiz?«

Ich lächelte ihn an. »Wegen meines Glaubens.«

Und so war es auch. Ich kann nicht in Worte fassen, welch starken Gefühle mich in der Kathedrale durchströmten, was dieses Erlebnis in mir auslöste und wie stark sich die Erfahrung, den Jakobsweg gelaufen zu sein, auf mein Leben auswirkte.

Ich weiß nur, es machte mich demütig. Und es zeigte mir, was mir im Leben wichtig ist: meine Familie, Aufrichtigkeit, Gerechtigkeit – ausgehend von meiner inneren Ruhe und

Harmonie, die ich trotz aller körperlichen Strapazen auf dem Jakobsweg wiederfand.

Ich habe dieses Buch geschrieben, um jenen Menschen Mut zu machen, die den Jakobsweg gehen wollen, sich aber nicht trauen. Ich war 64, als ich den Weg gegangen bin, ohne ein Wort Spanisch, Französisch und Englisch zu sprechen. Mit den Wegweisern, dem gelben Paderborner Heft, guten Schuhen und einem Ruck-sack voller Blasenpflaster und Träume schafft ihr das auch.

Buen camino,
ihre Marta Bro

PS: Wir sind nun vier Jahre älter, aber uns hat erneut das Jakobsfieber gepackt. Derzeit planen wir unsere zweite Reise. Diesmal wollen wir von Santiago nach Muxia gehen, dem Ziel aller Pilger. Denn nördlich von Muxia liegt der Iglesia Nostra Senora da Barca, ein riesiger Felsbrocken. Der Legende nach liegt dort das versteinerte Schiff der Jungfrau Maria, die den Apostel Jakobus bei seiner Missionsarbeit unterstützen wollte. Wenn das keine Reise Wert ist!

Danksagung

Mein Dank gilt folgenden, lieben Menschen:

Danke, Lara, für deinen Fleiß.
Ein Dank auch an dich, liebe Alex.
Danke auch an die Paderborner Jakobusfreunde für die vielen nützlichen Informationen in eurem gelben Heft. Ohne die hätten wir uns in der Fremde nicht so gut zurecht gefunden.

Und Danke, Tilli, meine liebe Freundin, dass du mit mir den Weg gegangen bist. Danke für die schöne Zeit und dass du so eine liebe Freundin bist. Aus deinem gebrochenem Englisch wurde am Ende fast ein perfektes.

Das Schöne war, dass wir uns all die Zeit über einig waren:

Der Weg ist das Ziel.

Inhalt

Bendición del Peregrino

"En nombre de Nuestro Señor Jesucristo, recibe esta mortal habita de tu peregrinación para que castigada y encomendada te apresures en llegar a los pies de Santiago, a donde ansías llegar, y para que después de haber hecho el viaje vuelvas al lado nuestro con gozo, con la ayuda de Dios, que vive y reina por todos los siglos. Amén.

Recibe este báculo que sea como sustento de la marcha y del trabajo, para el camino de tu peregrinación, para que puedas vencer las catervas del enemigo y llegar seguro a los pies de Santiago y después de hecho el viaje, volver junto a nos con alegría, con la anuencia del mismo Dios, que vive y reina por los siglos de los siglos. Amén". (C. Calixtinus. Sermón "Veneranda dies II, c.XVII).

Certificación de paso

Sellos

Sellos

En las casillas deberá figurar el sello de cada localidad (al menos dos por día) con la fecha, para acreditar su paso.

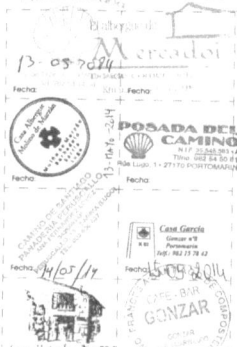

Sellos

deberá figurar el sello de cada localidad día) con la fecha, para acreditar su paso.

Sellos

En las casillas deberá figurar el sello de cada localidad (al menos dos por día) con la fecha, para acreditar su paso.

Sellos

En las casillas deberá figurar el sello de cada localidad (al menos dos por día) con la fecha, para acreditar su paso.